TRILHANDO O CAMINHO DA EXCELÊNCIA:

Guia Prático Melhoria Continua

Eng. Julio Manella

ISBN: 9798853812802
Selo editorial: Independently published

Edição: Primeira versão

ÍNDICE

AUTOR:

ENG. JULIO MANELLA

Trilhando o Caminho da
Excelência

GUIA PRÁTICO
MELHORIA
CONTÍNUA

PREFÁCIO:

Bem-vindo ao livro "Trilhando o Caminho da Excelência: Guia Prático para a Melhoria Contínua"!

Este livro é resultado de mais de duas décadas de experiência em melhoria contínua e performance de equipamentos. Minha jornada começou como um jovem Engenheiro Eletricista, recém-formado pela Faculdade de Engenharia de Barretos, e evoluiu ao longo de anos de dedicação, aprendizado e comprometimento com a excelência em minha carreira profissional.

Durante minha trajetória em uma grande multinacional, tive a oportunidade de trabalhar com manutenção de equipamentos e linhas de produção. Foi nesse contexto que me deparei com a importância da melhoria contínua, o poder de identificar desperdícios e a busca constante por soluções inovadoras. Ao longo de 11 anos, mergulhei na área de performance de equipamentos e melhoria contínua, liderando projetos, implementando ferramentas e metodologias, e alcançando resultados significativos.

Minha paixão por compartilhar conhecimento e inspirar outros profissionais a trilhar o caminho da excelência me levou a escrever este livro. Meu objetivo é fornecer a você, leitor, um guia prático e acessível para aprimorar seus conhecimentos em melhoria contínua e performance de equipamentos.

No decorrer deste livro, você encontrará conceitos fundamentais de melhoria contínua, ferramentas práticas, estudos de caso reais e insights valiosos baseados em minha experiência profissional. A abordagem prática e orientada para ação visa capacitá-lo a aplicar as técnicas aprendidas em seu próprio ambiente de trabalho, independentemente de sua área de atuação.

Acredito que a melhoria contínua é uma jornada constante, repleta de desafios e oportunidades de crescimento. Cada passo dado em busca da excelência traz consigo a chance de alcançar resultados cada vez mais expressivos e impactantes.

Neste livro, convido você a trilhar essa jornada comigo. Cada capítulo é uma porta que se abre para novas perspectivas e descobertas. Aproveite ao máximo essa experiência e saiba que estou aqui para apoiá-lo em cada etapa.

Agradeço a você, leitor, por embarcar nessa jornada de melhoria contínua comigo. Espero que este livro seja um guia valioso em sua busca pela excelência e que você colha os frutos de seu próprio desenvolvimento profissional e sucesso.

Boa leitura e que este livro seja uma ferramenta poderosa para impulsionar sua carreira e seus projetos rumo à excelência!

Atenciosamente,

Eng. Julio Manella
Autor de "Trilhando o Caminho da Excelência: Guia Prático para a Melhoria Contínua"

CAPÍTULO 1: INTRODUÇÃO À MELHORIA CONTÍNUA

A melhoria contínua é uma abordagem essencial para otimizar processos, aumentar a eficiência e a produtividade, além de promover o aprimoramento constante em qualquer organização. Neste capítulo, vamos explorar os princípios básicos da melhoria contínua, sua origem histórica e sua importância nos contextos industrial e empresarial moderno.

1.1 O que é Melhoria Contínua?

A melhoria contínua, também conhecida como Kaizen no contexto japonês, é uma filosofia e método que visa aperfeiçoar gradualmente todos os aspectos de uma organização. Seu objetivo é promover uma cultura de mudança positiva, encorajando a busca constante por melhorias nos processos, produtos, serviços e, acima de tudo, no desenvolvimento das habilidades dos colaboradores.

O conceito de melhoria contínua surgiu no Japão após a Segunda Guerra Mundial, quando empresas japonesas, como a Toyota, implementaram abordagens inovadoras para superar desafios e se tornaram exemplos de eficiência e qualidade. Desde então, a ideia tem se disseminado pelo mundo e se estabelecido como uma prática fundamental para alcançar a excelência operacional.

1.2 Os Princípios da Melhoria Contínua

Existem alguns princípios básicos que sustentam a melhoria contínua. Vamos explorar os principais:

1.2.1 Identificação E Eliminação De Desperdícios

Um dos pilares da melhoria contínua é a eliminação de desperdícios. Conhecidos como "Mudas" no sistema Toyota de Produção, estes desperdícios podem se manifestar em diversas formas, como tempo ocioso, estoques excessivos, retrabalho, entre outros. Ao identificá-los e eliminá-los, as organizações podem aumentar a eficiência e reduzir custos, liberando recursos para investir em melhorias.

1.2.2 Envolvimento Dos Colaboradores

A melhoria contínua depende do engajamento e da participação ativa de todos os membros da organização. Os colaboradores são a base da transformação contínua, pois estão diretamente envolvidos nos processos e podem fornecer insights valiosos sobre como aprimorá-los. Incentivar a colaboração e o trabalho em equipe é fundamental para obter resultados significativos.

1.2.3 Pensamento Orientado A Processos

A melhoria contínua concentra-se na análise e otimização de processos. Ao entender e mapear os fluxos de trabalho, é possível identificar gargalos e ineficiências, permitindo que sejam feitas mudanças eficazes. O pensamento orientado a processos também envolve a padronização das melhores práticas, garantindo que o conhecimento adquirido seja disseminado e aplicado consistentemente.

1.2.4 Busca Por Pequenas Melhorias Incrementais

A melhoria contínua valoriza as pequenas melhorias graduais, em vez de grandes mudanças disruptivas. Essa abordagem gradual permite que as organizações avancem passo a passo, testando e adaptando as soluções conforme necessário. Ao acumular uma série de melhorias incrementais, os resultados a longo prazo podem ser surpreendentes.

1.2.5 Foco Na Satisfação Do Cliente

O cliente é o centro de qualquer organização, e a melhoria contínua tem o objetivo de satisfazer suas necessidades e expectativas. Ao compreender as demandas do cliente e buscar constantemente superá-las, as empresas podem fortalecer sua reputação e construir relacionamentos sólidos com seus consumidores.

1.3 As Metodologias da Melhoria Contínua

Ao longo do tempo, várias metodologias foram desenvolvidas para apoiar a aplicação prática da melhoria contínua em diferentes contextos. Dentre as mais conhecidas, podemos destacar:

1.3.1 Pdca (Plan-Do-Check-Act)

O ciclo PDCA, também conhecido como Ciclo de Deming, é uma abordagem iterativa que envolve quatro etapas principais: Planejar, Fazer, Verificar e Agir. Essa metodologia permite a realização de experimentos controlados, onde é possível testar melhorias em pequena escala, avaliar os resultados e, se bem-sucedidas, implementá-las gradualmente.

1.3.2 Dmaic (Define, Measure, Analyze, Improve, Control)

A metodologia DMAIC é amplamente utilizada no contexto do Seis Sigma, uma abordagem quantitativa de melhoria contínua. Ela se baseia em cinco etapas: Definir o problema e o objetivo da melhoria, Medir e coletar dados relevantes, Analisar os dados para identificar causas raiz, Implementar melhorias e Controlar os resultados para garantir a sustentabilidade das mudanças.

1.3.3 5W2h (What, Why, Where, When, Who, How, How Much)

O método 5W2H é uma ferramenta simples e eficaz para planejar e executar ações de melhoria. Ele consiste em responder sete perguntas-chave: O quê será feito, Por que será feito, Onde será feito, Quando será feito, Quem será responsável, Como será feito e Quanto custará. Essa abordagem ajuda a estabelecer clareza e alinhar os esforços em direção ao objetivo de melhoria.

1.4 Ferramentas da Melhoria Contínua

Além das metodologias mencionadas, existem várias ferramentas que podem ser usadas para suportar a melhoria contínua. Algumas delas incluem:

1.4.1 Diagrama De Ishikawa (Espinha De Peixe Ou Diagrama De Causa E Efeito)

O Diagrama de Ishikawa é uma ferramenta visual que ajuda a identificar e analisar as possíveis causas de um problema ou oportunidade de melhoria. Ele organiza as causas em categorias principais, permitindo uma análise estruturada dos fatores que podem influenciar um determinado resultado.

1.4.2 5 Porquês

O método dos 5 Porquês é uma técnica para identificar a causa raiz de um problema, buscando investigar o porquê de um problema ocorrer repetidamente. Ao questionar sucessivamente o motivo de cada resposta, é possível chegar à causa subjacente e abordá-la de maneira eficaz.

1.4.3 Gráfico De Pareto

O Gráfico de Pareto é uma representação gráfica que destaca a importância relativa de diferentes elementos em um conjunto de dados. Ele segue o princípio de que a maioria dos problemas é causada por poucos fatores-chave. Ao identificar e priorizar esses fatores, é possível concentrar esforços onde terão o maior impacto.

1.4.4 Mapa De Fluxo De Valor (Value Stream Mapping)

O Mapa de Fluxo de Valor é uma ferramenta usada para visualizar e analisar o fluxo de valor de um processo. Ele mostra todas as atividades envolvidas, desde o início até a entrega final ao cliente. Essa visualização permite identificar atividades que agregam valor ao processo e aquelas que podem ser consideradas como desperdício.

1.5 Cultura Organizacional de Melhoria Contínua

Um aspecto crítico para o sucesso da melhoria contínua é a criação de uma cultura organizacional que a valorize e a apoie. Para isso, algumas práticas podem ser adotadas:

1.5.1 Liderança Comprometida

A liderança desempenha um papel crucial na promoção da melhoria contínua. Os líderes devem demonstrar comprometimento e serem modelos de comportamento, incentivando e apoiando os esforços de melhoria em todos os níveis da organização.

1.5.2 Comunicação Eficaz

Uma comunicação clara e aberta é essencial para envolver todos os colaboradores no processo de melhoria. É fundamental compartilhar informações sobre os objetivos de melhoria, os progressos alcançados e os resultados obtidos.

1.5.3 Reconhecimento E Recompensas

Reconhecer e recompensar os esforços e resultados de melhoria pode aumentar a motivação dos colaboradores e reforçar a cultura de melhoria contínua. Reconhecimentos formais e informais podem ser oferecidos para incentivar a participação ativa de todos.

1.5.4 Aprendizado Contínuo

Incentivar o aprendizado contínuo é fundamental para uma cultura de melhoria contínua. A capacitação e o desenvolvimento dos colaboradores permitem que eles adquiram novas habilidades e conhecimentos, tornando-se mais eficazes na identificação e implementação de melhorias.

1.6 Aplicações Práticas da Melhoria Contínua

A melhoria contínua pode ser aplicada em diversas áreas dentro de uma organização, gerando benefícios significativos:

1.6.1 Melhoria De Processos De Produção

No ambiente de produção, a melhoria contínua pode resultar em redução de tempos de ciclo, diminuição de defeitos e melhor aproveitamento dos recursos. Isso pode levar a uma produção mais eficiente, aumento da qualidade do produto final e, consequentemente, maior satisfação do cliente.

1.6.2 Melhoria De Processos Administrativos

Em áreas administrativas, a melhoria contínua pode otimizar a gestão de documentos, o fluxo de informações e o gerenciamento de projetos. Isso pode agilizar processos internos, reduzir burocracia e melhorar a tomada de decisões.

1.6.3 Melhoria De Serviços

A melhoria contínua pode ser aplicada em setores de prestação de serviços, como atendimento ao cliente, suporte técnico e logística. Ao aprimorar esses serviços, as organizações podem fortalecer a imagem da marca e aumentar a fidelidade dos clientes.

1.6.4 Melhoria Do Desempenho Da Equipe

A melhoria contínua também pode ser usada para desenvolver as habilidades e competências dos colaboradores. Treinamentos, workshops e oportunidades de aprendizado podem aprimorar o desempenho da equipe, impulsionando o crescimento individual e coletivo.

1.6.5 Inovação E Desenvolvimento De Novos Produtos

A cultura de melhoria contínua pode estimular a inovação e o desenvolvimento de novos produtos. A busca constante por melhorias pode levar a ideias inovadoras e soluções criativas que atendam às necessidades do mercado.

Neste primeiro capítulo, exploramos os conceitos fundamentais da melhoria contínua, incluindo sua definição, princípios, metodologias, ferramentas e aplicações práticas. A melhoria contínua é uma abordagem dinâmica e flexível que pode ser aplicada em diferentes setores e contextos organizacionais. Se bem implementada, ela pode levar a ganhos significativos em eficiência, qualidade, satisfação do cliente e competitividade.

No próximo capítulo, vamos aprofundar o tema da identificação e eliminação de desperdícios, explorando as principais categorias de desperdícios e como eles podem ser detectados e reduzidos em uma organização.

CAPÍTULO 2: IDENTIFICAÇÃO E ELIMINAÇÃO DE DESPERDÍCIOS

No Capítulo 1, discutimos os princípios e fundamentos da melhoria contínua. Agora, vamos nos aprofundar em um dos aspectos mais cruciais dessa abordagem: a identificação e eliminação de desperdícios. Os desperdícios, também conhecidos como "Mudas" no Sistema Toyota de Produção, são atividades, processos ou recursos que não agregam valor ao produto ou serviço final. Identificar e eliminar esses desperdícios é fundamental para aumentar a eficiência, reduzir custos e melhorar a qualidade dos processos.

2.1 Os 8 Tipos de Desperdícios

No contexto da melhoria contínua, são reconhecidos oito principais tipos de desperdícios. Vamos explorar cada um deles:

1. Superprodução: Produzir mais do que o necessário ou antes do momento certo gera estoques excessivos, ocupa espaço e desperdiça recursos.

2. Tempo de Espera: Ocorre quando pessoas ou máquinas ficam ociosas devido a atrasos, falhas ou desorganização do fluxo de trabalho.

3. Transporte: Movimentar materiais ou informações desnecessariamente entre diferentes locais pode aumentar os custos logísticos e o risco de danos.

4. Processamento Excessivo: Realizar etapas adicionais que não agregam valor ao produto ou serviço, aumentando o tempo e os

recursos gastos.

5. Estoques Excessivos: Manter estoques maiores do que o necessário pode gerar custos adicionais, obsolescência e dificuldades na gestão.

6. Movimentação Excessiva: Deslocar-se ou realizar movimentos repetitivos sem propósito desperdiça tempo e energia.

7. Defeitos: Produtos ou serviços com defeitos exigem retrabalho ou, em casos graves, descarte, gerando perdas financeiras e insatisfação do cliente.

8. Habilidades Subutilizadas: Não aproveitar completamente o potencial dos colaboradores é um desperdício de talentos e conhecimentos.

2.2 Identificação de Desperdícios na Prática

A identificação de desperdícios requer uma análise detalhada dos processos e fluxos de trabalho. Algumas ferramentas e técnicas podem ser utilizadas para auxiliar nesse processo:

2.2.1 Gemba Walk

O "Gemba Walk" é uma prática essencial na filosofia da melhoria contínua, principalmente no contexto do Lean Manufacturing e do Sistema Toyota de Produção. O termo "Gemba" é uma palavra japonesa que significa "local real" ou "local onde o trabalho acontece". O Gemba Walk é uma abordagem onde líderes e membros da equipe saem de seus escritórios ou estações de trabalho para visitar o local de trabalho real, onde as atividades operacionais são executadas.

A ideia central por trás do Gemba Walk é que a melhor maneira de entender os processos, identificar problemas e oportunidades de melhoria é observando diretamente as atividades no local onde elas ocorrem. Ao fazer isso, os líderes e membros da equipe podem ter uma visão holística dos fluxos de trabalho, interações com clientes e fornecedores, condições de trabalho e padrões de produção.

Objetivos Do Gemba Walk:

1. Entendimento do Processo: Ao visitar o local de trabalho, os líderes podem obter insights valiosos sobre como os processos estão sendo executados. Eles podem observar os passos específicos, os tempos de ciclo, as interações entre os colaboradores e a utilização de ferramentas e recursos.

2. Identificação de Desperdícios: O Gemba Walk é uma oportunidade para identificar desperdícios e atividades que não agregam valor ao processo. Ao observar de perto as operações, os líderes podem identificar gargalos, estoques excessivos, movimentos desnecessários e outras ineficiências.

3. Engajamento da Equipe: Ao se envolverem com a equipe no local de trabalho, os líderes demonstram interesse e valorizam as contribuições dos colaboradores. Isso aumenta o engajamento e motivação da equipe para a melhoria contínua.

4. Resolução de Problemas: O Gemba Walk também é uma oportunidade para resolver problemas em tempo real. Os líderes podem discutir desafios com a equipe, propor soluções e tomar decisões imediatas para melhorar o processo.

Passos Para Realizar Um Gemba Walk:

1. Preparação: Antes de realizar o Gemba Walk, é essencial definir um objetivo claro. Os líderes devem ter em mente quais aspectos do processo desejam observar e quais problemas ou oportunidades de melhoria estão buscando.

2. Agenda e Duração: O Gemba Walk deve ser agendado para um

momento em que a equipe esteja em plena atividade. A duração pode variar, mas é importante dedicar tempo suficiente para observar os processos e conversar com os colaboradores.

3. Observação Atenta: Durante o Gemba Walk, os líderes devem observar o fluxo de trabalho e os colaboradores com atenção aos detalhes. Eles devem fazer anotações sobre o que veem, ouvir e questionar a equipe quando necessário.

4. Diálogo com a Equipe: O Gemba Walk não é apenas uma observação passiva, mas também um diálogo com a equipe. Os líderes devem fazer perguntas, obter insights dos colaboradores e incentivar o compartilhamento de ideias para melhorias.

5. Tomada de Ações: Após a conclusão do Gemba Walk, é importante tomar ações concretas com base nas observações feitas. Os líderes devem discutir os resultados com a equipe e implementar medidas para a melhoria contínua.

Benefícios Do Gemba Walk:

Identificação Precisa de Desperdícios: Ao estar no local de trabalho, os líderes podem identificar desperdícios que podem não ser evidentes em relatórios ou análises distantes.

Criação de Cultura de Melhoria Contínua: O Gemba Walk demonstra o comprometimento da liderança com a melhoria contínua e estimula a equipe a se envolver ativamente na busca por melhorias.

Resolução Rápida de Problemas: Ao abordar desafios e problemas em tempo real, os líderes podem evitar que pequenos problemas se tornem grandes obstáculos.

Foco no Cliente: O Gemba Walk permite que os líderes entendam melhor as necessidades e expectativas dos clientes, proporcionando uma base para melhorar a qualidade e o valor entregue.

Engajamento da Equipe: O envolvimento direto dos líderes com a equipe fortalece o vínculo entre gestores e colaboradores, promovendo a confiança e o trabalho em equipe.

Em resumo, o Gemba Walk é uma ferramenta poderosa para promover a melhoria contínua e fortalecer a cultura Lean nas organizações. Ao observar diretamente o local de trabalho, os líderes podem identificar desperdícios, entender processos, engajar a equipe e tomar ações para otimizar as operações e entregar maior valor aos clientes. A prática do Gemba Walk é uma forma eficiente de envolver todos os níveis da organização na busca pela excelência operacional.

2.2.2 Mapeamento De Fluxo De Valor (Value Stream Mapping)

O Mapeamento de Fluxo de Valor é uma ferramenta poderosa que permite identificar oportunidades de melhoria e redução de desperdícios em processos, ajudando as organizações a alcançarem maior eficiência e eficácia. Iremos explorar detalhadamente o que é o Mapeamento de Fluxo de Valor, como ele é realizado e quais são os benefícios dessa prática.

O Que É O Mapeamento De Fluxo De Valor (Vsm)

O Mapeamento de Fluxo de Valor, também conhecido como Value Stream Mapping (VSM), é uma ferramenta visual utilizada para mapear e analisar o fluxo de materiais e informações ao longo de um processo, desde o fornecedor até o cliente final. Essa técnica originou-se no Sistema Toyota de Produção e foi posteriormente adotada em várias abordagens de melhoria contínua, como o Lean Manufacturing.

O principal objetivo do Mapeamento de Fluxo de Valor é fornecer uma visão completa e detalhada dos processos, permitindo a identificação de atividades que agregam valor ao produto ou serviço, bem como aquelas que são consideradas desperdícios. Com base nessa análise, as organizações podem identificar oportunidades para otimizar o fluxo do processo, reduzir o lead time, eliminar gargalos e aumentar a eficiência operacional.

Como Realizar O Mapeamento De Fluxo De Valor

O processo de Mapeamento de Fluxo de Valor envolve várias etapas e requer a colaboração de uma equipe multidisciplinar. Vamos descrever as principais etapas para realizar o VSM:

1. Definir o Escopo: Comece definindo o escopo do mapeamento. Escolha o processo que será mapeado e identifique os limites do início ao fim da cadeia de valor. Isso envolve delimitar quais fornecedores, atividades e clientes serão considerados no mapeamento.

2. Formar a Equipe: Monte uma equipe com membros de diferentes áreas envolvidas no processo. Isso pode incluir representantes de produção, logística, qualidade, engenharia, entre outros. A diversidade de perspectivas contribui para uma análise mais abrangente.

3. Mapear o Estado Atual: Inicie o mapeamento desenhando um fluxograma detalhado do estado atual do processo. Identifique todas as etapas, atividades, estoques, tempos de espera e transporte envolvidos.

4. Identificar os Desperdícios: Com o fluxograma do estado atual pronto, identifique os desperdícios presentes no processo, utilizando os "Sete Desperdícios" do Lean (superprodução, tempo de espera, transporte, excesso de processamento, inventário, movimentação e defeitos).

5. Mapear o Estado Futuro: Com base nas oportunidades de

melhoria identificadas, trabalhe em conjunto com a equipe para projetar um fluxograma do estado futuro do processo. Nessa etapa, o objetivo é eliminar ou reduzir os desperdícios e criar um fluxo mais eficiente e enxuto.

6. Estabelecer Medidas de Desempenho: Determine os indicadores chave de desempenho (KPIs) que serão utilizados para acompanhar a eficácia das melhorias implementadas.

7. Elaborar um Plano de Ação: Desenvolva um plano de ação com etapas claras para implementar as melhorias propostas. Defina responsabilidades e prazos para cada ação.

8. Implementar as Melhorias: Coloque em prática as melhorias planejadas, acompanhando e medindo os resultados obtidos.

9. Mapear o Fluxo Futuro: Após implementar as melhorias, faça um novo mapeamento do fluxo de valor para verificar se as mudanças trouxeram os resultados desejados e se novas oportunidades de melhoria foram identificadas.

Benefícios Do Mapeamento De Fluxo De Valor:

Visão Holística dos Processos: O VSM proporciona uma visão completa dos processos, permitindo que a equipe compreenda como as atividades estão conectadas e como o fluxo de materiais e informações ocorre.

Identificação de Desperdícios: O VSM permite a identificação clara dos desperdícios presentes no processo, o que ajuda a equipe a priorizar as ações de melhoria.

Eliminação de Gargalos: O mapeamento ajuda a identificar gargalos e pontos de estrangulamento, possibilitando a implementação de ações para melhorar o fluxo do processo.

Engajamento da Equipe: O VSM envolve colaboradores de diferentes áreas em uma análise conjunta do processo, promovendo o engajamento e a colaboração entre a equipe.

Redução de Lead Time: Com a eliminação de desperdícios e a otimização do fluxo, é possível reduzir o lead time, ou seja, o tempo necessário para entregar o produto ou serviço ao cliente.

O Mapeamento de Fluxo de Valor é uma poderosa ferramenta de análise e melhoria que permite às organizações entenderem seus processos de maneira holística e identificar oportunidades de melhoria. Ao eliminar desperdícios e otimizar o fluxo de valor, as organizações podem alcançar maior eficiência operacional, redução de custos e maior satisfação do cliente.

É importante ressaltar que o Mapeamento de Fluxo de Valor é uma prática contínua, não um exercício único. À medida que as organizações evoluem e enfrentam novos desafios, o VSM deve ser atualizado e revisado para garantir a contínua busca pela excelência operacional.

2.2.3 Análise De Tempos E Movimentos

A análise de tempos e movimentos é uma técnica fundamental para otimizar a eficiência e a produtividade dos processos, identificando oportunidades de melhoria na execução das atividades. Neste capítulo, exploraremos em detalhes o que é a análise de tempos e movimentos, como ela é conduzida e quais são os benefícios dessa prática.

O Que É A Análise De Tempos E Movimentos

A análise de tempos e movimentos é uma técnica utilizada para estudar, medir e analisar o tempo necessário para a execução de cada tarefa em um processo. O objetivo é identificar ineficiências, identificar desperdícios de tempo e esforço, bem como propor melhorias para aumentar a produtividade e a eficiência operacional.

Essa técnica foi desenvolvida no início do século XX por Frederick Taylor, considerado o pai da Administração Científica. Através de estudos detalhados, Taylor buscava determinar o melhor método para realizar uma tarefa específica e estabelecer tempos padrão para sua execução.

Como Realizar A Análise De Tempos E Movimentos

A análise de tempos e movimentos requer uma abordagem sistemática e cuidadosa para obter resultados precisos. Vamos descrever os principais passos para conduzir essa análise:

1. Selecionar a Tarefa ou Processo: Comece selecionando a tarefa ou o processo que será analisado. Escolha uma atividade representativa, pois os resultados obtidos serão aplicados a tarefas semelhantes.

2. Dividir a Tarefa em Elementos: Divida a tarefa em seus elementos ou movimentos individuais. Por exemplo, se a tarefa envolver montagem de um produto, identifique as etapas distintas, como pegar o componente A, encaixar o componente B, apertar os parafusos, etc.

3. Registrar o Tempo de Cada Elemento: Use uma ferramenta apropriada, como um cronômetro ou software específico, para registrar o tempo gasto em cada elemento da tarefa. Repita o processo várias vezes para garantir resultados consistentes.

4. Observar Movimentos Desnecessários: Durante a análise, observe movimentos desnecessários, repetições ou atividades que não agregam valor ao processo. Esses são indicadores de desperdício e ineficiência.

5. Analisar Resultados: Após coletar os dados, analise os tempos registrados para cada elemento da tarefa. Identifique gargalos, tempos de espera e outras oportunidades de melhoria.

6. Comparar com o Tempo Teórico: Compare os tempos medidos com o tempo teórico esperado para a tarefa. O tempo teórico é calculado com base em estudos de referência ou padrões estabelecidos.

7. Propor Melhorias: Com base na análise, proponha melhorias para otimizar o tempo de execução da tarefa. Isso pode envolver a simplificação de processos, treinamento da equipe ou adoção de novas tecnologias.

8. Testar e Implementar Melhorias: Teste as melhorias propostas em pequena escala e avalie seus impactos. Se os resultados forem positivos, implemente as melhorias em toda a operação.

Benefícios Da Análise De Tempos E Movimentos:

Identificação de Ineficiências: A análise de tempos e movimentos permite identificar atividades que consomem tempo e recursos desnecessariamente, auxiliando na identificação de gargalos e desperdícios.

Estabelecimento de Padrões: Ao medir os tempos padrão para tarefas, é possível estabelecer referências para o desempenho ideal e identificar desvios em relação a esses padrões.

Otimização do Fluxo de Trabalho: Com base nos resultados da análise, é possível redesenhar os processos para melhorar o fluxo de trabalho e reduzir o tempo total necessário para concluir uma tarefa ou um projeto.

Aumento da Produtividade: Ao eliminar movimentos desnecessários e ineficiências, a produtividade e a eficiência da equipe são aprimoradas, resultando em maior capacidade de produção.

Tomada de Decisões Embasadas em Dados: A análise de tempos e movimentos fornece dados objetivos e mensuráveis que permitem uma tomada de decisões mais informada e fundamentada.

Melhoria da Qualidade: A análise também pode ajudar a identificar falhas no processo que podem afetar a qualidade do produto ou serviço final, permitindo correções e melhorias.

A análise de tempos e movimentos é uma técnica essencial na melhoria contínua, permitindo que as organizações identifiquem ineficiências, desperdícios e oportunidades de melhoria nos processos. Ao medir e analisar os tempos de execução de tarefas, as empresas podem otimizar o fluxo de trabalho, aumentar a produtividade e melhorar a qualidade dos produtos ou serviços entregues aos clientes.

No próximo capítulo, abordaremos outra importante ferramenta utilizada na melhoria contínua: o Diagrama de Ishikawa, também conhecido como Diagrama de Causa e Efeito ou Diagrama Espinha de Peixe. Essa ferramenta é amplamente utilizada para identificar e analisar as causas raiz de problemas e oportunidades de melhoria nos processos.

2.2.4 Revisão De Indicadores De Desempenho

A revisão de indicadores de desempenho é uma prática essencial para monitorar o progresso dos processos e garantir que os objetivos estratégicos da organização sejam alcançados. Vamos explorar em detalhes o que é a análise de indicadores de desempenho, como ela é conduzida e quais são os benefícios dessa prática.

O Que São Indicadores De Desempenho

Os Indicadores de Desempenho, também conhecidos como KPIs (Key Performance Indicators), são métricas quantitativas ou qualitativas que ajudam a medir o progresso em direção aos objetivos estratégicos de uma organização. Esses indicadores fornecem informações relevantes sobre o desempenho dos processos e permitem que a equipe e a liderança tomem decisões informadas para melhorar o desempenho.

A Importância Da Revisão De Indicadores De Desempenho

A revisão de indicadores de desempenho é fundamental para garantir que os esforços de melhoria contínua estejam alinhados com os objetivos estratégicos da organização. Através dessa prática, a equipe pode monitorar o progresso, identificar desvios em relação às metas e tomar ações corretivas ou proativas para impulsionar o desempenho.

Como Realizar A Revisão De Indicadores De Desempenho

A revisão de indicadores de desempenho envolve várias etapas que garantem uma análise abrangente e eficaz dos resultados. Vejamos os principais passos para realizar essa revisão:

1. Definir Indicadores Relevantes: Comece definindo os indicadores de desempenho que são mais relevantes para os objetivos estratégicos da organização. Certifique-se de que cada indicador seja mensurável, objetivo, alinhado com os objetivos estratégicos e tenha um impacto significativo no processo ou resultado.

2. Coletar Dados: Para realizar a revisão, é necessário coletar regularmente os dados relacionados a cada indicador de desempenho. Isso pode ser feito manualmente ou com o suporte de sistemas de gestão que automatizam a coleta de dados.

3. Definir Metas e Referências: Estabeleça metas específicas para cada indicador de desempenho com base em benchmarks internos ou externos. Essas metas devem ser desafiadoras, porém realistas e alcançáveis.

4. Analisar os Resultados: Realize uma análise detalhada dos resultados dos indicadores de desempenho. Compare os valores obtidos com as metas estabelecidas e identifique possíveis desvios.

5. Identificar Causas de Desvios: Se os resultados estiverem abaixo das metas, identifique as causas raiz dos desvios. Utilize ferramentas como o Diagrama de Ishikawa ou outras técnicas de análise para identificar as principais causas dos problemas.

6. Tomar Ações Corretivas: Com base na análise dos resultados e das causas de desvios, tome ações corretivas para melhorar o desempenho. Defina um plano de ação claro, com responsáveis e prazos para implementação das medidas.

7. Monitorar o Progresso: Acompanhe regularmente o progresso das ações corretivas implementadas e seus impactos nos indicadores de desempenho. Mantenha a equipe informada sobre os resultados alcançados e as melhorias realizadas.

Benefícios Da Revisão De Indicadores De Desempenho:

Tomada de Decisões Informadas: A revisão de indicadores de desempenho fornece informações objetivas e atualizadas para embasar a tomada de decisões da equipe e da liderança.

Identificação de Oportunidades de Melhoria: Através da análise dos indicadores, é possível identificar oportunidades para melhorar processos, aumentar a eficiência e a qualidade dos produtos ou serviços.

Alinhamento com Objetivos Estratégicos: A revisão garante que os indicadores de desempenho estejam alinhados com os objetivos estratégicos da organização, garantindo que todos estejam trabalhando para os mesmos resultados.

Acompanhamento do Progresso: A revisão contínua dos indicadores permite acompanhar o progresso ao longo do tempo, identificando tendências positivas ou negativas que exigem ação.

Foco na Melhoria Contínua: Ao monitorar regularmente os indicadores de desempenho, a organização mantém um foco constante na melhoria contínua e na busca por resultados melhores.

A revisão de indicadores de desempenho é uma prática essencial na melhoria contínua, permitindo que as organizações acompanhem o progresso em direção aos objetivos estratégicos e identifiquem oportunidades de melhoria. Ao coletar, analisar e tomar ações com base nos indicadores, a equipe pode aumentar a eficiência, a produtividade e a qualidade dos processos, garantindo o alcance dos resultados desejados.

2.3 Eliminação de Desperdícios e Aplicação de Melhorias

Após identificar os desperdícios, é hora de desenvolver e implementar estratégias para eliminá-los. Aqui estão algumas abordagens eficazes:

2.3.1 5S (Cinco "S")

O 5S é uma abordagem prática e eficiente que visa criar um ambiente de trabalho mais organizado, limpo e seguro, promovendo maior eficiência, produtividade e qualidade nas operações. Vamos explorar em detalhes o que é o 5S, como ele é implementado e quais são os benefícios dessa prática.

O Que É O 5S

O 5S é uma metodologia japonesa que se originou no Japão após a Segunda Guerra Mundial, e os cinco "S" representam cinco palavras japonesas que resumem os princípios fundamentais da metodologia:

1. Seiri (Classificação/Separar): O primeiro "S" refere-se à etapa de classificação, onde o objetivo é identificar e separar os itens e materiais necessários daqueles que não são necessários para o processo. Isso envolve eliminar itens desnecessários, reduzir o excesso de estoque e criar um ambiente de trabalho mais organizado.

2. Seiton (Ordenação/Sistematizar): O segundo "S" é a etapa de ordenação, onde os itens essenciais são organizados de forma lógica e eficiente. Cada item deve ter um lugar designado, facilitando o acesso rápido e reduzindo o tempo desperdiçado procurando ferramentas ou materiais.

3. Seiso (Limpeza/Limpar): O terceiro "S" diz respeito à etapa de limpeza. Nesta fase, é realizada uma limpeza completa e sistemática de todo o ambiente de trabalho, removendo a sujeira, poeira e resíduos que possam interferir na produtividade e na qualidade do trabalho.

4. Seiketsu (Padronização/Padronizar): O quarto "S" é a etapa de padronização, onde são estabelecidos padrões e procedimentos para manter os três primeiros "S" (Classificação, Ordenação e Limpeza). A padronização garante que as boas práticas sejam mantidas e que o ambiente de trabalho permaneça organizado e limpo ao longo do tempo.

5. Shitsuke (Disciplina/Disciplinar): O quinto "S" representa a etapa de disciplina, onde todos os membros da equipe são incentivados a adotar os princípios dos 5S como uma parte essencial de sua rotina diária de trabalho. A disciplina é fundamental para manter a ordem e a limpeza ao longo do tempo e garantir que o 5S seja efetivamente implementado e mantido.

Como Implementar O 5S

A implementação do 5S requer o comprometimento de toda a equipe e uma abordagem sistemática. Vamos descrever os principais passos para implementar o 5S:

1. Conscientização e Treinamento: Inicie o processo de implementação com uma conscientização geral sobre os princípios e benefícios do 5S. Forneça treinamento para a equipe sobre como realizar cada etapa do 5S.

2. Formação de Equipe: Forme uma equipe responsável pela implementação do 5S. Essa equipe deve incluir membros de diferentes áreas da organização para garantir uma abordagem abrangente.

3. Etapa por Etapa: Implemente o 5S uma etapa de cada vez, começando pela Classificação. Após a conclusão de cada etapa, avance para a próxima. Garanta que cada etapa esteja bem estabelecida antes de prosseguir para a próxima.

4. Definir Responsabilidades: Atribua responsabilidades claras para cada membro da equipe em relação à manutenção e cumprimento dos princípios do 5S. Cada pessoa deve ser responsável por sua área de trabalho.

5. Auditorias 5S: Realize auditorias periódicas para avaliar a eficácia da implementação do 5S e identificar áreas que necessitam de melhoria.

6. Celebração dos Resultados: Reconheça e celebre os esforços e resultados alcançados pela equipe em cada etapa do 5S. O reconhecimento ajuda a manter o entusiasmo e o comprometimento da equipe.

Benefícios Do 5S:

Ambiente de Trabalho Mais Organizado: A implementação do 5S cria um ambiente de trabalho organizado e arrumado, onde cada item tem seu lugar designado e é facilmente acessível.

Aumento da Produtividade: Com um ambiente de trabalho organizado e limpo, a equipe pode executar suas tarefas de maneira mais eficiente, reduzindo o tempo gasto em busca de ferramentas ou materiais.

Redução de Desperdícios: O 5S ajuda a eliminar desperdícios, como estoques desnecessários, retrabalho e tempo perdido procurando itens.

Melhoria da Qualidade: Um ambiente de trabalho limpo e organizado contribui para a prevenção de defeitos e erros, melhorando a qualidade dos produtos e serviços entregues.

Engajamento da Equipe: A implementação do 5S envolve toda a equipe, o que contribui para um maior engajamento e colaboração entre os membros.

O 5S é uma metodologia simples, porém poderosa, que visa criar um ambiente de trabalho organizado, limpo e seguro, melhorando a eficiência, a produtividade e a qualidade das operações. Ao implementar os princípios dos 5S, as organizações podem eliminar desperdícios, melhorar a disciplina e o foco na melhoria contínua, o que leva a um ambiente de trabalho mais eficiente e eficaz. A prática contínua do 5S é fundamental para manter os benefícios a longo prazo e promover uma cultura de melhoria contínua na organização.

2.3.2 Kanban

O Kanban é uma ferramenta visual de gestão de fluxo de trabalho que teve origem no Sistema Toyota de Produção no Japão. Essa metodologia se tornou uma abordagem amplamente adotada em diversas áreas, incluindo desenvolvimento de software, gestão de projetos, atendimento ao cliente e outras atividades que envolvem fluxos de trabalho complexos. O Kanban é conhecido por sua simplicidade e eficácia na organização do trabalho, permitindo maior transparência, colaboração e eficiência. Vamos explorar em detalhes o que é o Kanban, como ele funciona e quais são os benefícios dessa prática.

O Que É O Kanban

Kanban é uma palavra japonesa que significa "cartão visual" ou "sinalização visual". Essa metodologia usa cartões (ou post-its, ímãs, etc.) para representar as tarefas ou itens de trabalho em um quadro visual, que geralmente é dividido em colunas que representam diferentes estágios do fluxo de trabalho. O objetivo é criar um sistema visual que permita acompanhar o fluxo de trabalho de forma clara e transparente, garantindo que as tarefas sejam executadas de maneira ordenada e eficiente.

Como Funciona O Kanban

O Kanban funciona através de um quadro visual, que pode ser físico ou digital, e é dividido em colunas que representam os diferentes estágios do fluxo de trabalho. Cada tarefa ou item de trabalho é representado por um cartão, que contém informações relevantes sobre a tarefa, como sua descrição, prioridade e responsável. Os cartões são movidos pelas colunas do quadro à medida que progridem no fluxo de trabalho.

As colunas do quadro são definidas com base nas etapas do processo, que podem variar de acordo com a natureza do trabalho ou da equipe. Por exemplo, um quadro Kanban para desenvolvimento de software pode ter colunas como "A fazer", "Em progresso", "Aguardando revisão", "Testes" e "Concluído".

Princípios Do Kanban:

O Kanban é baseado em alguns princípios fundamentais:

1. Visualização do Trabalho: O uso de um quadro visual torna o trabalho visível para toda a equipe, o que facilita a comunicação, o entendimento do progresso e a identificação de gargalos.

2. Limite do Trabalho em Andamento: O Kanban estabelece limites para a quantidade de trabalho que pode estar em andamento em cada coluna. Isso evita sobrecarregar a equipe e ajuda a manter um fluxo de trabalho constante.

3. Gerenciamento do Fluxo: O foco do Kanban está no gerenciamento do fluxo de trabalho, garantindo que as tarefas fluam de forma rápida e eficiente entre as colunas do quadro.

4. Feedback Contínuo: O Kanban permite um feedback contínuo sobre o desempenho do processo, permitindo ajustes e melhorias ao longo do tempo.

Benefícios Do Kanban:

Transparência e Visibilidade: O Kanban proporciona uma visão clara e transparente do trabalho em andamento, permitindo que todos na equipe saibam o que está acontecendo e quais são as prioridades.

Agilidade e Flexibilidade: O Kanban é uma abordagem ágil que permite adaptar-se rapidamente às mudanças, priorizando as tarefas de acordo com as necessidades atuais.

Eliminação de Sobrecarga: O limite do trabalho em andamento evita a sobrecarga da equipe, mantendo um ritmo de trabalho sustentável.

Identificação de Gargalos: O Kanban ajuda a identificar gargalos e problemas no fluxo de trabalho, permitindo ações corretivas para melhorar a eficiência.

Melhoria Contínua: O Kanban promove uma cultura de melhoria

contínua, pois as equipes estão constantemente buscando formas de otimizar o fluxo de trabalho e aumentar a produtividade.

O Kanban é uma ferramenta visual poderosa que proporciona uma gestão eficiente e transparente do fluxo de trabalho. Ao adotar o Kanban, as organizações podem aumentar a produtividade, melhorar a comunicação e colaboração entre as equipes, e responder rapidamente às mudanças e demandas do mercado. A simplicidade e flexibilidade do Kanban o tornam uma escolha popular para equipes que buscam melhorar sua eficiência e alcançar resultados mais consistentes e satisfatórios.

2.3.3 Poka-Yoke

Poka-Yoke é uma técnica japonesa desenvolvida por Shigeo Shingo como parte do Sistema Toyota de Produção, com o objetivo de prevenir erros humanos ou defeitos em processos. O termo "Poka-Yoke" pode ser traduzido como "à prova de erros" ou "à prova de falhas". Essa abordagem busca criar sistemas ou dispositivos que impeçam ou detectem erros antes que eles causem problemas maiores. Vamos explorar em detalhes o que é o Poka-Yoke, como ele funciona e quais são os benefícios dessa prática.

O Que É O Poka-Yoke

O Poka-Yoke é uma filosofia que se baseia na crença de que é melhor prevenir erros do que corrigi-los. Essa abordagem reconhece que os seres humanos são propensos a cometer erros, e a melhor maneira de evitar problemas é projetar sistemas ou dispositivos que tornem os erros impossíveis ou muito improváveis de ocorrer.

Os dispositivos Poka-Yoke são projetados para serem simples e eficientes, agindo como barreiras que evitam erros ou como alertas que indicam quando um erro está prestes a acontecer.

Essa técnica é amplamente utilizada em processos de produção, montagem e até mesmo em atividades diárias, como o uso de uma chave para evitar que o carro seja ligado com a marcha engatada.

Como Funciona O Poka-Yoke

O Poka-Yoke pode ser aplicado de várias maneiras, dependendo do processo ou atividade específica. Vamos explorar algumas das abordagens mais comuns:

1. Poka-Yoke de Prevenção: Nessa abordagem, os dispositivos são projetados para evitar que um erro seja cometido. Por exemplo, um conector que só pode ser encaixado em uma posição específica, evitando montagens incorretas.

2. Poka-Yoke de Detecção: Nesse caso, o dispositivo é projetado para detectar um erro imediatamente após ocorrer, permitindo que a ação corretiva seja tomada imediatamente. Por exemplo, uma máquina que detecta uma falha na soldagem e interrompe o processo automaticamente.

3. Poka-Yoke de Aviso: Essa abordagem usa sinais ou alertas visuais ou auditivos para chamar a atenção para uma possível falha ou erro. Por exemplo, uma luz que acende quando uma peça está mal posicionada.

4. Poka-Yoke de Sequência: Nesse caso, o dispositivo é projetado para guiar o operador no processo correto, garantindo que todas as etapas sejam seguidas na ordem correta. Por exemplo, uma lista de verificação para garantir que todas as etapas de um procedimento sejam seguidas corretamente.

Benefícios Do Poka-Yoke:

Prevenção de Defeitos: A principal vantagem do Poka-Yoke é a prevenção de defeitos e erros antes que eles ocorram, resultando em produtos ou serviços de maior qualidade.

Redução de Custos: Ao evitar a ocorrência de defeitos, o Poka-Yoke ajuda a reduzir os custos associados a retrabalho, reparos e devoluções de produtos.

Aumento da Produtividade: Ao eliminar erros e retrabalho, o tempo e os recursos podem ser direcionados para atividades mais produtivas.

Melhoria da Segurança: O Poka-Yoke pode contribuir para a segurança dos trabalhadores, evitando a ocorrência de situações perigosas ou acidentes.

Melhoria da Satisfação do Cliente: Produtos ou serviços livres de defeitos resultam em maior satisfação dos clientes, melhorando a reputação da empresa.

O Poka-Yoke é uma abordagem valiosa na melhoria contínua, permitindo que as organizações evitem erros e defeitos em seus processos. Ao criar sistemas e dispositivos à prova de falhas, o Poka-Yoke contribui para a produção de produtos de maior qualidade, a redução de custos e a satisfação do cliente. É uma técnica simples e eficaz que pode ser aplicada em diversas áreas e processos, tornando-se uma parte essencial das práticas de melhoria contínua em qualquer organização.

2.3.4 Melhoria Contínua Da Produção (Kaizen)

Kaizen é uma palavra japonesa que significa "mudança para melhor" ou "melhoria contínua". Essa filosofia de gestão originou-se no Japão após a Segunda Guerra Mundial, como parte do Sistema Toyota de Produção. O conceito de Kaizen é baseado na crença de que pequenas melhorias contínuas e incrementais podem resultar em grandes ganhos de eficiência, qualidade e produtividade ao longo do tempo. Vamos explorar em detalhes o que é o Kaizen, como ele é implementado e quais são os benefícios dessa prática.

O Que É Kaizen

Kaizen é uma abordagem de melhoria contínua que envolve todos os membros da organização, desde a equipe operacional até a alta administração. Essa filosofia enfatiza a importância de buscar constantemente oportunidades de aprimoramento nos processos, produtos e serviços, com o objetivo de atingir níveis mais elevados de desempenho e eficiência.

O Kaizen não se limita apenas a melhorias técnicas ou tecnológicas; ele também se concentra em melhorias comportamentais e culturais, encorajando a colaboração, a criatividade e o engajamento de todos os membros da equipe.

Princípios Do Kaizen:

O Kaizen é fundamentado em alguns princípios essenciais:

1. Melhorias Incrementais: O Kaizen preconiza melhorias pequenas e contínuas ao longo do tempo, ao invés de mudanças radicais. Essas melhorias incrementais são mais fáceis de implementar e têm menos probabilidade de causar interrupções significativas nos processos.

2. Envolvimento de Todos: O Kaizen valoriza o envolvimento e o comprometimento de todos os membros da equipe, independentemente do nível hierárquico. Todos são incentivados a contribuir com ideias e sugestões para a melhoria contínua.

3. Eliminação de Desperdícios: O Kaizen busca identificar e eliminar desperdícios em processos e atividades. Os desperdícios são considerados qualquer coisa que não agregue valor ao produto ou serviço final.

4. Foco no Cliente: A filosofia do Kaizen coloca o cliente como a principal razão para a busca da melhoria contínua. As

melhorias devem ser direcionadas para atender às necessidades e expectativas do cliente.

Como Implementar O Kaizen

A implementação do Kaizen requer uma cultura organizacional que valorize a melhoria contínua e promova a participação ativa de todos os membros da equipe. Algumas práticas-chave para implementar o Kaizen incluem:

1. Treinamento e Conscientização: Oferecer treinamentos para a equipe sobre os princípios do Kaizen e a importância da melhoria contínua. Criar uma conscientização geral sobre a filosofia e os benefícios do Kaizen.

2. Envolver a Equipe: Incentivar e dar suporte para que todos os membros da equipe participem ativamente da identificação de oportunidades de melhoria. Realizar reuniões regulares para discutir ideias e sugestões.

3. Estabelecer Metas Claras: Definir metas claras e específicas para a melhoria contínua, alinhadas com os objetivos estratégicos da organização. As metas devem ser desafiadoras, porém alcançáveis.

4. Implementar Melhorias Pequenas e Contínuas: Encorajar a implementação de melhorias pequenas e contínuas no dia a dia. Incentivar a cultura de testar novas ideias e aprender com os resultados.

5. Acompanhar e Medir o Progresso: Acompanhar regularmente o progresso das melhorias implementadas e medir os resultados alcançados. Utilizar indicadores de desempenho para avaliar os efeitos das melhorias.

Benefícios Do Kaizen:

Aumento da Produtividade: A melhoria contínua leva a

processos mais eficientes, resultando em um aumento da produtividade e da capacidade de produção.

Redução de Custos: A eliminação de desperdícios e a otimização dos processos levam à redução de custos operacionais.

Maior Qualidade: A busca constante pela melhoria leva a produtos e serviços de maior qualidade, o que aumenta a satisfação do cliente.

Engajamento da Equipe: O envolvimento da equipe na busca por melhorias promove o engajamento e a motivação.

Agilidade e Flexibilidade: O Kaizen permite que a organização se adapte rapidamente às mudanças e desafios do mercado.

O Kaizen é uma filosofia poderosa de melhoria contínua que enfatiza a importância de buscar constantemente oportunidades de aprimoramento nos processos e práticas. Através de melhorias incrementais, envolvimento da equipe e eliminação de desperdícios, o Kaizen permite que as organizações alcancem níveis mais altos de eficiência, qualidade e satisfação do cliente. É uma abordagem que pode ser aplicada em qualquer área de uma organização, impulsionando a cultura de melhoria contínua e a busca por excelência em todos os aspectos do trabalho.

2.4 Estudo de Caso: Aplicação da Melhoria Contínua em uma Linha de Produção

Neste estudo de caso, vamos acompanhar a aplicação da filosofia de melhoria contínua em uma linha de produção de uma fábrica de eletrodomésticos. A empresa percebeu que enfrentava desafios relacionados à eficiência, qualidade e satisfação do cliente em sua linha de montagem de geladeiras. Com o objetivo de aprimorar seus processos e obter resultados melhores, a equipe decidiu implementar a melhoria contínua com base nos princípios do Kaizen.

Descrição Do Cenário:

A linha de produção de geladeiras é composta por várias estações, onde cada estação é responsável por uma etapa específica do processo de montagem. O fluxo de trabalho começa com a preparação dos materiais e peças, seguida pela montagem do chassi, instalação do sistema de refrigeração, teste de funcionamento, acabamento e embalagem final. A empresa produz uma grande variedade de modelos de geladeiras, o que torna o processo complexo e exigente.

2.4.1 Identificação De Desperdícios

Após uma análise detalhada da linha de produção, foram identificados alguns desperdícios:

1. Retrabalho e Defeitos: Antes da implementação do Kaizen, a linha de produção enfrentava um retrabalho médio de 15% devido a defeitos na montagem. Isso resultava em atrasos na produção e desperdício de recursos significativos.

2. Baixa Produtividade: A produtividade média da linha de produção era de 100 geladeiras por dia. No entanto, havia gargalos em algumas estações, o que limitava a capacidade total de produção.

3. Desperdício de Materiais: A empresa estimava que, em média, 8% dos materiais e peças utilizados na montagem das geladeiras eram desperdiçados devido a erros no manuseio ou armazenamento inadequado.

2.4.2 Eliminação De Desperdícios

Com a identificação dos desperdícios, a equipe responsável pela melhoria contínua implementou as seguintes ações:

1. Redução do Retrabalho: A equipe estabeleceu uma meta de reduzir o retrabalho para menos de 5% em um prazo de três meses.

2. Aumento da Produtividade: A meta estabelecida era aumentar a produtividade da linha de produção para 120 geladeiras por dia, aumentando assim a capacidade de atender à demanda do mercado.

3. Redução de Desperdícios: A meta era reduzir o desperdício de materiais para menos de 5% em um prazo de seis meses.

2.4.3 Resultados Da Melhoria Contínua

Após a implementação da melhoria contínua, a equipe conseguiu alcançar as seguintes melhorias:

1. Redução do Retrabalho: O retrabalho foi reduzido para apenas 3%, muito abaixo da meta estabelecida de 5%. Isso significou uma redução significativa nos custos e uma melhoria na eficiência da linha de produção.

2. Aumento da Produtividade: Com a eliminação de gargalos e a padronização das práticas de trabalho, a produtividade da linha de produção aumentou para 130 geladeiras por dia, superando a meta estabelecida de 120 geladeiras por dia.

3. Redução de Desperdícios: O desperdício de materiais foi reduzido para apenas 4%, alcançando a meta de menos de 5% estabelecida pela equipe.

Podemos observar neste estudo de caso que com a implementação da melhoria contínua com base na filosofia do Kaizen, trouxe resultados significativos para a linha de produção de geladeiras.

Através da identificação dos problemas e da definição de metas claras, a equipe conseguiu reduzir o retrabalho, aumentar a produtividade e reduzir o desperdício de materiais.

Essas melhorias não apenas resultaram em um aumento da eficiência e qualidade da produção, mas também fortaleceram a cultura de melhoria contínua na empresa, inspirando a equipe a buscar constantemente novas oportunidades de aprimoramento em todas as áreas de trabalho.

O sucesso desse estudo de caso destaca a importância da filosofia do Kaizen como uma abordagem eficaz para alcançar resultados positivos e sustentáveis na produção industrial.

CAPÍTULO 3: METODOLOGIAS AVANÇADAS DE MELHORIA CONTÍNUA

Neste capítulo, vamos explorar duas das metodologias avançadas de melhoria contínua mais reconhecidas e amplamente utilizadas: o DMAIC do Seis Sigma e o ciclo PDCA. Ambas as metodologias seguem uma abordagem estruturada e baseada em dados para identificar problemas, implementar mudanças e monitorar resultados, visando alcançar um desempenho excepcional.

3.1 DMAIC: Define, Measure, Analyze, Improve, Control

O DMAIC é uma metodologia amplamente utilizada no mundo da melhoria contínua e da gestão de processos. Ele representa um ciclo de cinco fases que são aplicadas para resolver problemas complexos e melhorar processos existentes. As fases do DMAIC são: Definir, Medir, Analisar, Melhorar e Controlar.

3.1.1 Define (Definir)

Nesta fase, a equipe de melhoria contínua define claramente o problema ou oportunidade de melhoria. Também é importante estabelecer metas específicas e mensuráveis que se alinhem aos objetivos estratégicos da organização. O escopo do projeto é delimitado e os stakeholders relevantes são identificados.

3.1.2 Measure (Medir)

A fase de medição envolve a coleta de dados relevantes para

o problema em questão. Esses dados são usados para entender o desempenho atual do processo e identificar lacunas entre o estado atual e as metas estabelecidas. Ferramentas estatísticas são frequentemente utilizadas nessa fase para analisar os dados e obter insights significativos.

3.1.3 Analyze (Analisar)

Nesta fase, os dados coletados são analisados detalhadamente para identificar as causas raiz do problema. Ferramentas como o Diagrama de Ishikawa e os 5 Porquês podem ser empregadas para aprofundar a compreensão das fontes dos desperdícios e das ineficiências. A equipe de melhoria contínua busca entender as relações de causa e efeito e identificar as variáveis críticas para o sucesso.

3.1.4 Improve (Melhorar)

Com base nas análises realizadas, a equipe de melhoria contínua desenvolve soluções e realiza experimentos para abordar as causas raiz identificadas. É importante testar as soluções em pequena escala antes de implementá-las completamente, para evitar efeitos indesejados. Durante essa fase, o foco está na implementação de melhorias efetivas.

3.1.5 Control (Controlar)

Após a implementação das melhorias, é essencial monitorar e controlar os resultados para garantir sua sustentabilidade. São estabelecidos mecanismos de controle para acompanhar os indicadores de desempenho e garantir que o processo permaneça em conformidade com as metas estabelecidas. Caso surjam desvios, ações corretivas são tomadas para corrigi-los.

3.1.6 Dmaic - Estudo De Caso: Redução De Tempo De Entrega

Em Um Serviço De Entrega De Alimentos

Vamos aplicar o DMAIC em um estudo de caso prático para ilustrar como essa metodologia é usada.

Fase 1: Definir

Nesta fase, é importante identificar claramente o problema e estabelecer as metas do projeto. No nosso estudo de caso, a empresa de entrega de alimentos deseja reduzir o tempo médio de entrega dos pedidos para melhorar a satisfação do cliente e aumentar a eficiência do serviço.

Objetivos: Reduzir o tempo médio de entrega em 20% em um prazo de três meses.

Fase 2: Medir

Aqui, vamos coletar dados relevantes para entender o desempenho atual do processo de entrega de alimentos. Serão coletados dados sobre o tempo de entrega de cada pedido, desde o momento em que o cliente faz o pedido até o momento em que ele recebe o pedido.

Dados Coletados:

- Tempo de entrega de cada pedido nos últimos três meses.

- Número de pedidos entregues em cada dia da semana.

- Horários de pico e horários de baixa demanda.

Fase 3: Analisar

Nesta fase, vamos analisar os dados coletados para identificar possíveis causas do problema e entender melhor o processo de entrega de alimentos. Podemos utilizar ferramentas como diagramas de Pareto, gráficos de dispersão e fluxogramas para auxiliar na análise.

Análise dos Dados:

- Identificação de horários de pico com maior tempo de entrega.
- Identificação de gargalos no processo de entrega.
- Análise da distribuição dos tempos de entrega para identificar padrões.

Fase 4: Melhorar

Com base nas análises realizadas, vamos desenvolver soluções para melhorar o processo de entrega de alimentos e reduzir o tempo médio de entrega.

Possíveis Melhorias:

- Reorganização das rotas de entrega para otimizar o trajeto e reduzir o tempo de deslocamento.
- Alocação de mais recursos durante os horários de pico para agilizar as entregas.
- Treinamento dos entregadores para melhorar a eficiência das entregas.

Fase 5: Controlar

Nesta fase, vamos implementar as melhorias e monitorar os resultados para garantir que as mudanças tenham o efeito desejado e sejam sustentáveis ao longo do tempo.

Implementação das Melhorias:

- Reorganização das rotas de entrega.
- Contratação de entregadores adicionais durante os horários de pico.
- Treinamento dos entregadores para otimizar o processo de entrega.

Monitoramento e Controle:

- Acompanhamento contínuo dos tempos de entrega após a implementação das melhorias.
- Comparação dos tempos de entrega com os objetivos

estabelecidos na fase de Definir.

- Realização de avaliações periódicas para garantir que as melhorias sejam mantidas.

Conclusão:

A aplicação do DMAIC neste estudo de caso prático demonstra como essa metodologia pode ser eficaz na identificação e solução de problemas, bem como na melhoria de processos existentes. Através das fases do DMAIC, a empresa de entrega de alimentos conseguiu reduzir o tempo médio de entrega em 20% dentro do prazo estabelecido, resultando em uma melhoria significativa na satisfação do cliente e na eficiência operacional. O DMAIC é uma poderosa ferramenta para alcançar resultados concretos e sustentáveis na busca pela melhoria contínua em qualquer área de negócio.

3.2 Ciclo PDCA: Plan, Do, Check, Act

O ciclo PDCA, também conhecido como Ciclo de Deming ou Ciclo de Shewhart, é um ciclo de melhoria contínua amplamente utilizado para resolver problemas, aprimorar processos e alcançar resultados melhores. Ele é composto por quatro fases:

3.2.1 Plan (Planejar)

Na fase de planejamento, a equipe de melhoria contínua estabelece objetivos claros e identifica as ações necessárias para alcançá-los. Os recursos e o cronograma para implementação das ações também são definidos. É importante levar em consideração possíveis lições aprendidas de projetos anteriores, utilizando sempre que possível dados e informações disponíveis para embasar as decisões.

3.2.2 Do (Fazer)

Na fase de execução, as ações planejadas são implementadas. Nesta etapa, é importante que todos os envolvidos estejam cientes de suas responsabilidades e que a comunicação seja efetiva. Os processos ou mudanças são colocados em prática, e os dados são coletados para avaliar os resultados.

3.2.3 Check (Verificar)

Nesta fase, a equipe verifica os resultados alcançados comparando-os com os objetivos estabelecidos na fase de planejamento. Os dados coletados são analisados para avaliar o desempenho e verificar se as ações implementadas tiveram o impacto esperado. Isso envolve a comparação dos resultados antes e depois da implementação das melhorias.

3.2.4 Act (Agir)

Com base na análise dos resultados, a equipe toma decisões sobre o que deve ser feito a seguir. Se os resultados foram satisfatórios e os objetivos foram alcançados, a equipe pode padronizar as mudanças e implementá-las em larga escala. Caso contrário, é necessário realizar ajustes ou buscar outras soluções para melhorar o desempenho.

3.2.5 Ciclo Pdca - Estudo De Caso: Melhoria Do Processo De Atendimento Ao Cliente Em Um Call Center

Vamos aplicar o PDCA em um estudo de caso prático para ilustrar como essa metodologia é utilizada na prática.

Fase 1: Plan (Planejar)

Nesta fase, a equipe do call center irá planejar as ações para melhorar o processo de atendimento ao cliente.

1. Identificação do Problema: O call center tem recebido muitas reclamações dos clientes sobre o tempo de espera para falar com um atendente e a qualidade do atendimento recebido.

2. Definição de Metas: A equipe estabelece metas claras para melhorar o atendimento ao cliente, como reduzir o tempo médio de espera para menos de 1 minuto e aumentar a taxa de resolução do problema no primeiro contato para 80%.

3. Análise do Processo Atual: A equipe analisa o processo atual de atendimento ao cliente, identificando gargalos e oportunidades de melhoria.

4. Desenvolvimento de Estratégias: Com base na análise, a equipe desenvolve estratégias para melhorar o processo de atendimento, como aumentar o número de atendentes disponíveis durante os horários de pico e implementar um sistema de triagem para direcionar os clientes para o atendente mais adequado.

Fase 2: Do (Fazer)

Nesta fase, a equipe irá implementar as ações planejadas na fase anterior.

1. Implementação das Estratégias: As estratégias desenvolvidas na fase de planejamento são implementadas no processo de atendimento ao cliente.

2. Treinamento dos Atendentes: Os atendentes são treinados nas novas práticas e procedimentos para garantir a eficácia da implementação.

Fase 3: Check (Verificar)

Nesta fase, a equipe irá avaliar os resultados das ações implementadas na fase anterior.

1. Coleta de Dados: A equipe coleta dados sobre o tempo médio

de espera, taxa de resolução do problema no primeiro contato e feedback dos clientes após a implementação das melhorias.

2. Análise dos Resultados: A equipe analisa os dados coletados para verificar se as metas estabelecidas foram alcançadas e se as melhorias tiveram o efeito desejado.

Fase 4: Act (Agir)

Nesta fase, com base na análise dos resultados, a equipe irá tomar ações corretivas para corrigir qualquer problema identificado e consolidar as melhorias alcançadas.

1. Identificação de Oportunidades de Melhoria: Com base na análise dos resultados, a equipe identifica oportunidades adicionais de melhoria para continuar a aprimorar o processo de atendimento ao cliente.

2. Implementação de Ações Corretivas: Se houver problemas identificados, a equipe implementa ações corretivas para abordar esses problemas.

3. Consolidação das Melhorias: As melhorias bem-sucedidas são consolidadas no processo de atendimento ao cliente, tornando-se parte integrante das práticas de trabalho.

Conclusão:

A aplicação do ciclo PDCA neste estudo de caso prático demonstra como essa metodologia pode ser eficaz na identificação e solução de problemas, bem como na melhoria de processos existentes. Através das fases do PDCA, o call center conseguiu reduzir o tempo médio de espera dos clientes e aumentar a taxa de resolução do problema no primeiro contato, resultando em uma melhoria significativa na satisfação do cliente e na eficiência operacional. O PDCA é uma poderosa ferramenta para alcançar resultados concretos e sustentáveis na busca pela melhoria contínua em qualquer área de negócio.

3.3 Integração do DMAIC e PDCA

Embora o DMAIC e o ciclo PDCA sejam metodologias distintas, eles podem ser integrados de forma complementar. A integração dessas abordagens pode levar a resultados ainda mais sólidos:

O DMAIC fornece uma estrutura mais detalhada e orientada a dados para a resolução de problemas complexos e a melhoria de processos críticos.t

O ciclo PDCA é mais flexível e pode ser usado para implementar mudanças menores e avaliar rapidamente seu impacto.

A equipe de melhoria contínua pode escolher a abordagem mais adequada para cada situação, considerando a complexidade do problema, o prazo disponível e os recursos disponíveis.

As metodologias avançadas de melhoria contínua, como o DMAIC do Seis Sigma e o ciclo PDCA, oferecem estruturas sólidas para identificar problemas, implementar soluções e monitorar resultados. Ao aplicar essas abordagens, as organizações podem alcançar melhorias significativas em seus processos, produtos e serviços, aumentando a eficiência, reduzindo custos e melhorando a satisfação do cliente. No próximo capítulo, vamos explorar como promover uma cultura de melhoria contínua dentro da organização, envolvendo e capacitando os colaboradores em todos os níveis.

CAPÍTULO 4: CULTURA DE MELHORIA CONTÍNUA

A implementação bem-sucedida da melhoria contínua requer mais do que apenas a aplicação de metodologias e ferramentas. É fundamental promover uma cultura organizacional que valorize a busca contínua por aprimoramento e envolva todos os colaboradores no processo de melhoria. Neste capítulo, vamos explorar como criar uma cultura de melhoria contínua e como engajar os membros da organização para que se tornem agentes ativos nesse processo.

4.1 Liderança como Exemplo

Uma cultura de melhoria contínua começa com a liderança. Os líderes devem demonstrar comprometimento e serem modelos de comportamento, incorporando os princípios da melhoria contínua em suas próprias práticas e decisões. A liderança deve fornecer recursos e apoio para iniciativas de melhoria, além de reconhecer e recompensar os esforços dos colaboradores envolvidos.

4.2 Comunicação Clara e Transparente

Uma comunicação eficaz é essencial para promover a cultura de melhoria contínua. Os objetivos de melhoria devem ser claramente comunicados a todos os membros da organização, de forma que todos compreendam o propósito das iniciativas de melhoria e sua relevância para a estratégia global da empresa. A comunicação deve ser transparente, aberta a feedback e permitir que os colaboradores compartilhem suas ideias e sugestões livremente.

4.3 Empoderamento dos Colaboradores

Para promover uma cultura de melhoria contínua, é essencial que os colaboradores se sintam capacitados e encorajados a contribuir com suas ideias e perspectivas. Eles devem ser incentivados a identificar problemas e oportunidades de melhoria em suas áreas de atuação e a propor soluções criativas. O empoderamento dos colaboradores aumenta o senso de propriedade e responsabilidade, o que pode levar a um maior engajamento com as iniciativas de melhoria.

4.4 Programas de Reconhecimento e Recompensas

Reconhecer e recompensar os esforços e resultados de melhoria é uma forma poderosa de incentivar uma cultura de melhoria contínua. Programas de reconhecimento formais e informais podem ser estabelecidos para valorizar os colaboradores que se destacam em suas contribuições para a melhoria. Isso não apenas motiva os colaboradores a continuar buscando a excelência, mas também inspira outros a seguirem o exemplo.

4.5 Aprendizado Contínuo e Desenvolvimento de Habilidades

Uma cultura de melhoria contínua requer um compromisso com o aprendizado contínuo e o desenvolvimento de habilidades. Os colaboradores devem ser incentivados a buscar oportunidades de capacitação e treinamento que os ajudem a adquirir novos conhecimentos e habilidades relevantes para a melhoria contínua. Isso inclui não apenas treinamentos técnicos, mas também desenvolvimento de habilidades de liderança, pensamento crítico e resolução de problemas.

4.6 Encorajamento à Inovação e Experimentação

Uma cultura de melhoria contínua deve encorajar a inovação e a experimentação. Os colaboradores devem se sentir à vontade para propor ideias novas e criativas, mesmo que algumas delas possam não funcionar. Erros e falhas devem ser vistos como oportunidades de aprendizado, e não como motivos para punição. Ao encorajar a inovação, a organização pode descobrir soluções inovadoras que impulsionem a melhoria contínua de maneira significativa.

4.7 Disseminação de Boas Práticas e Sucesso

Compartilhar boas práticas e histórias de sucesso é uma forma poderosa de reforçar a cultura de melhoria contínua. A divulgação de resultados positivos e o reconhecimento das equipes e indivíduos que alcançaram melhorias significativas inspiram outros colaboradores a se engajarem no processo de melhoria. A disseminação de conhecimento também ajuda a criar um ambiente colaborativo, onde os colaboradores podem aprender uns com os outros e se apoiarem mutuamente.

4.8 Monitoramento e Avaliação Contínua

Uma cultura de melhoria contínua deve ser constantemente monitorada e avaliada para garantir que as iniciativas estão gerando os resultados esperados. Os líderes devem acompanhar os indicadores de desempenho e o progresso das iniciativas de melhoria, e realizar revisões periódicas para identificar oportunidades de aprimoramento. O feedback dos colaboradores também é fundamental nesse processo, permitindo que eles expressem suas opiniões e sugestões para melhorar a cultura de melhoria contínua.

4.9 Exemplo de Implementação de Cultura de Melhoria Contínua

Vamos explorar um exemplo prático de como uma empresa implementou uma cultura de melhoria contínua:

Comprometimento Da Liderança

A alta direção da empresa definiu a melhoria contínua como uma prioridade estratégica e deixou claro seu comprometimento com essa abordagem.

Comunicação Transparente

Os líderes comunicaram a visão de melhoria contínua a todos os colaboradores, explicando os objetivos e a importância dessa cultura para o sucesso da organização.

Empoderamento Dos Colaboradores

Os colaboradores foram encorajados a identificar problemas e oportunidades de melhoria em suas áreas de atuação, e suas ideias foram valorizadas e consideradas na tomada de decisões.

Programas De Reconhecimento

A empresa implementou programas de reconhecimento para valorizar os colaboradores que se destacavam em suas contribuições para a melhoria contínua, promovendo um ambiente de competitividade saudável.

Desenvolvimento De Habilidades

Foram oferecidas oportunidades de capacitação e desenvolvimento para os colaboradores, incluindo treinamentos técnicos, liderança e habilidades de resolução de problemas.

Incentivo À Inovação

A empresa encorajou a inovação, incentivando os colaboradores a propor ideias novas e experimentar soluções criativas.

Compartilhamento De Boas Práticas

As equipes compartilharam boas práticas e histórias de sucesso em reuniões regulares, inspirando outros colaboradores a se engajarem na melhoria contínua.

Monitoramento E Avaliação Contínua

A empresa estabeleceu um sistema de monitoramento e avaliação para acompanhar o progresso das iniciativas de melhoria e realizar ajustes conforme necessário.

Uma cultura de melhoria contínua é um elemento-chave para o sucesso de iniciativas de melhoria em qualquer organização. Ao promover liderança exemplar, comunicação transparente, empoderamento dos colaboradores e reconhecimento de resultados, é possível criar um ambiente propício à inovação e à busca constante pela excelência. No próximo capítulo, vamos explorar como a melhoria contínua pode ser aplicada em diferentes setores e tipos de negócio, abordando exemplos práticos de sucesso em diversas áreas da indústria e serviços.

CAPÍTULO 5: APLICAÇÃO DA MELHORIA CONTÍNUA EM DIFERENTES SETORES E NEGÓCIOS

A melhoria contínua é uma abordagem altamente versátil e eficaz que pode ser aplicada em diversos setores e tipos de negócios. Neste capítulo, exploraremos casos práticos de empresas e organizações que adotaram a melhoria contínua com sucesso em diferentes contextos. Analisaremos como essa abordagem proporcionou benefícios significativos, impulsionou a eficiência operacional, aumentou a satisfação do cliente e contribuiu para a competitividade e sucesso das organizações.

5.1 Setor Manufatureiro

O setor manufatureiro é um dos principais beneficiários da melhoria contínua. Através dessa abordagem, as empresas podem otimizar processos de produção, eliminar desperdícios, reduzir custos e melhorar a qualidade dos produtos. Vamos explorar um estudo de caso de uma empresa automobilística que implementou com sucesso a melhoria contínua em sua linha de produção.

Estudo De Caso: Empresa Automobilística "Excelcar"

A empresa automobilística "ExcelCar" é conhecida por sua busca constante por excelência e inovação na indústria automotiva. Diante de uma crescente demanda por veículos e uma concorrência acirrada no mercado, a empresa percebeu a necessidade de aprimorar sua linha de produção para atender às expectativas dos clientes e manter sua posição competitiva.

Para identificar e eliminar ineficiências, a equipe de melhoria contínua da "ExcelCar" optou por utilizar o Mapeamento de Fluxo de Valor (VSM - Value Stream Mapping). Essa ferramenta permite mapear todo o processo de produção, desde o recebimento de matérias-primas até a entrega do veículo finalizado aos clientes. Durante esse processo, a equipe identificou gargalos no fluxo de produção, tempos de espera excessivos entre etapas e operações desnecessárias.

Com base nas análises do VSM, a empresa aplicou a metodologia DMAIC do Seis Sigma para abordar os problemas identificados e implementar melhorias significativas. As fases do DMAIC foram aplicadas da seguinte maneira:

1. Define (Definir): Nesta fase, a equipe definiu claramente o objetivo do projeto, estabelecendo metas específicas para reduzir o tempo total de produção e melhorar a qualidade do produto final. Eles também identificaram as principais partes interessadas envolvidas no processo de produção e suas necessidades.

2. Measure (Medir): A equipe coletou dados detalhados sobre o tempo gasto em cada etapa da produção, identificando os gargalos e as áreas que mais demandavam tempo e recursos. Também foi realizada uma análise dos defeitos e retrabalhos presentes nos veículos acabados.

3. Analyze (Analisar): Os dados coletados foram analisados em detalhes para identificar as causas raiz dos problemas, incluindo tempos de setup prolongados, atrasos na entrega de peças e falhas na comunicação entre equipes. A equipe realizou reuniões com os operadores, engenheiros e gerentes para entender suas perspectivas e obter informações adicionais.

4. Improve (Melhorar): Com base nas análises, a equipe desenvolveu e implementou soluções para abordar as causas raiz dos problemas. As melhorias incluíram a otimização da sequência de produção, a redução de tempos de setup através da padronização e a adoção de uma linha de produção mais flexível e adaptável.

5. Control (Controlar): Para garantir a sustentabilidade das melhorias, a equipe estabeleceu sistemas de controle e monitoramento para acompanhar os indicadores-chave de desempenho e garantir que os processos aprimorados fossem mantidos ao longo do tempo. Foram também estabelecidos padrões de qualidade para verificar a conformidade dos produtos acabados.

Com a implementação das melhorias, a "ExcelCar" alcançou resultados impressionantes. O tempo total de produção foi reduzido em 30%, resultando em uma maior eficiência da linha de produção e um aumento na capacidade de atender às demandas dos clientes em tempo hábil. Além disso, a qualidade dos veículos melhorou significativamente, com uma redução de 50% no número de defeitos relatados pelos clientes.

A empresa também colheu outros benefícios indiretos, como um ambiente de trabalho mais colaborativo, colaboradores mais engajados e satisfeitos com os resultados alcançados, e uma reputação mais sólida no mercado por oferecer produtos de alta qualidade e prazos de entrega confiáveis.

5.2 Setor de Serviços

O setor de serviços também se beneficia significativamente da melhoria contínua. Nesse contexto, a abordagem é essencial para garantir a excelência no atendimento ao cliente, otimizar processos e aumentar a satisfação dos clientes. Vamos explorar um estudo de caso de uma empresa de atendimento ao cliente que implementou a melhoria contínua com sucesso para melhorar a eficiência e a qualidade do serviço prestado.

Estudo De Caso: Empresa De Atendimento Ao Cliente "Servicenow"

A empresa "ServiceNow" é uma empresa de atendimento ao cliente que presta suporte técnico e assistência a clientes de diversas empresas. Com um grande volume de chamadas diárias e a necessidade de fornecer respostas rápidas e precisas aos clientes, a "ServiceNow" enfrentava desafios para manter a eficiência do atendimento e a satisfação do cliente.

Para melhorar a qualidade do atendimento e reduzir o tempo de espera dos clientes, a equipe de melhoria contínua da "ServiceNow" decidiu aplicar o ciclo PDCA para realizar melhorias incrementais e contínuas no processo de atendimento.

1. Planejar (Plan): A equipe identificou os principais problemas enfrentados no atendimento ao cliente, como tempos de espera longos, falta de padronização nos procedimentos e baixa satisfação do cliente. Eles estabeleceram metas específicas para reduzir o tempo médio de espera e melhorar a qualidade do atendimento.

2. Fazer (Do): Com base no planejamento, a equipe implementou mudanças nos procedimentos de atendimento, desenvolveu scripts padronizados para orientar os atendentes e adotou ferramentas de suporte técnico mais eficientes.

3. Verificar (Check): Após a implementação das melhorias, a equipe monitorou os resultados, coletando dados sobre o tempo

médio de espera, a satisfação do cliente e a resolução de problemas nas chamadas.

4. Agir (Act): Com base na análise dos resultados, a equipe identificou que o tempo médio de espera foi reduzido em 40%, e a satisfação do cliente aumentou em 25%. No entanto, eles notaram que ainda havia espaço para melhorias adicionais na resolução de problemas mais complexos.

5. Replanejar (Replan): A equipe decidiu revisar os scripts de atendimento e implementar um novo treinamento focado na empatia e na resolução de problemas mais complexos. Além disso, eles estabeleceram um sistema de feedback contínuo dos clientes para garantir que suas necessidades fossem atendidas de forma mais eficaz.

Com essas melhorias, a "ServiceNow" alcançou resultados notáveis. O tempo médio de espera foi reduzido para metade, o que resultou em uma maior satisfação do cliente e na retenção de mais clientes satisfeitos. A empresa também experimentou um aumento significativo na eficiência operacional, com uma equipe de atendimento mais bem treinada e alinhada com os procedimentos padronizados.

Além disso, a implementação da cultura de melhoria contínua na "ServiceNow" levou a um aumento na motivação dos colaboradores, que se sentiam valorizados por suas contribuições para as melhorias. Isso resultou em uma redução da rotatividade de funcionários e em um ambiente de trabalho mais produtivo e colaborativo.

5.3 Setor de Saúde

O setor de saúde também se beneficia enormemente da

melhoria contínua. Nesse contexto, a abordagem é fundamental para aprimorar a qualidade do atendimento, reduzir erros médicos e otimizar os processos hospitalares. Vamos explorar um estudo de caso de um hospital regional que aplicou a melhoria contínua para melhorar a segurança do paciente e a eficiência operacional.

Estudo De Caso: Hospital Regional "Lifecare"

O hospital regional "LifeCare" é uma instituição que busca constantemente a excelência no atendimento médico e a segurança do paciente. Diante de desafios como altas taxas de infecções hospitalares e problemas na gestão de resíduos, a equipe de melhoria contínua do "LifeCare" decidiu implementar a abordagem DMAIC para enfrentar essas questões.

1. Definir (Define): A equipe definiu o objetivo do projeto como a redução das taxas de infecções hospitalares e o aprimoramento da gestão de resíduos. Eles estabeleceram metas claras para reduzir a incidência de infecções e implementar um sistema mais eficiente para a gestão dos resíduos hospitalares.

2. Medir (Measure): Para identificar a gravidade do problema, a equipe coletou dados sobre o número de infecções hospitalares registradas em um determinado período e avaliou o sistema atual de gestão de resíduos.

3. Analisar (Analyze): A análise dos dados revelou que a maioria das infecções estava relacionada à higienização inadequada das mãos e a falhas na gestão de resíduos, o que resultava em uma disseminação de bactérias e vírus.

4. Melhorar (Improve): A equipe implementou uma série de mudanças, incluindo treinamentos para a equipe médica e de enfermagem sobre a importância da higienização das mãos, a

instalação de dispensadores de álcool gel em locais estratégicos e a adoção de procedimentos rigorosos para a gestão de resíduos hospitalares.

5. Controlar (Controlar): Para garantir a sustentabilidade das melhorias, foram estabelecidos sistemas de controle e monitoramento para acompanhar o número de infecções hospitalares e a eficácia das medidas implementadas.

Com a implementação dessas melhorias, o "LifeCare" alcançou resultados notáveis. O número de infecções hospitalares foi reduzido em 50%, o que resultou em uma significativa melhoria na segurança do paciente e na qualidade do atendimento prestado.

Além disso, a adoção de um sistema mais eficiente de gestão de resíduos hospitalares resultou em uma redução significativa nos riscos de contaminação e na disseminação de infecções. Essas melhorias contribuíram para a reputação sólida do "LifeCare" como um hospital que prioriza a segurança e o bem-estar dos pacientes.

5.4 Setor de Tecnologia

O setor de tecnologia é outro setor que se beneficia significativamente da melhoria contínua. Nesse contexto, a abordagem é essencial para garantir a qualidade dos produtos e serviços oferecidos, bem como para impulsionar a inovação contínua. Vamos explorar um estudo de caso de uma empresa de desenvolvimento de software que implementou a melhoria contínua com sucesso em seus processos de desenvolvimento.

Estudo De Caso: Empresa De Desenvolvimento De Software "Techsoft"

A empresa "TechSoft" é uma empresa de desenvolvimento

de software que busca constantemente a excelência em seus produtos e serviços. Com uma crescente demanda por soluções inovadoras e de alta qualidade, a "TechSoft" percebeu a importância da melhoria contínua em seus processos de desenvolvimento.

Para aprimorar a eficiência e a qualidade de seus produtos, a equipe de melhoria contínua da "TechSoft" optou por aplicar o ciclo PDCA, visando realizar melhorias incrementais e contínuas no processo de desenvolvimento.

1. Planejar (Plan): A equipe identificou os principais problemas enfrentados no processo de desenvolvimento, como a falta de comunicação entre as equipes e a dificuldade de cumprir prazos apertados.

2. Fazer (Do): Com base no planejamento, a equipe implementou mudanças na comunicação entre as equipes, adotando reuniões diárias para alinhar o progresso do projeto e as expectativas para o dia.

3. Verificar (Check): A equipe monitorou os resultados após a implementação das melhorias, coletando dados sobre a eficácia das reuniões diárias e a capacidade de cumprir prazos.

4. Agir (Act): Com base na análise dos resultados, a equipe percebeu que as reuniões diárias estavam melhorando a comunicação e a colaboração entre as equipes, mas ainda era necessário aprimorar a definição de prazos mais realistas.

5. Replanejar (Replan): A equipe decidiu revisar os processos de definição de prazos, envolvendo as equipes na estimativa de tempo para cada etapa do projeto e adotando um cronograma mais realista.

Com essas melhorias, a "TechSoft" alcançou resultados notáveis. A comunicação entre as equipes foi aprimorada, o que resultou em um alinhamento mais eficiente e na redução de retrabalhos. Além disso, a definição de prazos mais realistas levou a uma maior satisfação dos clientes, uma vez que a empresa era capaz de entregar projetos dentro do prazo acordado.

Essas melhorias permitiram à "TechSoft" se destacar no mercado como uma empresa que oferece soluções de software de alta qualidade, entregues de forma ágil e dentro dos prazos estabelecidos. A melhoria contínua tornou-se uma parte essencial da cultura da empresa, que agora busca constantemente maneiras de aprimorar seus processos e produtos para atender às necessidades e expectativas dos clientes.

5.5 Setor Educacional

O setor educacional também pode se beneficiar imensamente da melhoria contínua. Nesse contexto, a abordagem é fundamental para garantir a qualidade do ensino, aumentar a retenção dos alunos e melhorar o desempenho acadêmico. Vamos explorar um estudo de caso de uma universidade que implementou a melhoria contínua com sucesso para aprimorar seus processos acadêmicos e administrativos.

Estudo De Caso: Universidade "Educamais"

A universidade "EducaMais" é conhecida por seu compromisso com a excelência no ensino superior e a satisfação dos alunos. Com o objetivo de melhorar sua eficiência acadêmica e administrativa, a equipe de melhoria contínua da "EducaMais" decidiu aplicar a metodologia DMAIC para abordar os desafios identificados.

1. Definir (Define): A equipe definiu o objetivo do projeto como a melhoria dos processos acadêmicos e administrativos, com foco na redução do tempo de resposta da matrícula dos alunos e na

eficiência do processo de avaliação de desempenho.

2. Medir (Measure): A equipe coletou dados detalhados sobre o tempo gasto em cada etapa da matrícula e o tempo necessário para concluir o processo de avaliação de desempenho dos alunos.

3. Analisar (Analyze): A análise dos dados revelou que o tempo médio de resposta da matrícula estava acima do esperado devido à falta de padronização nos procedimentos, enquanto o processo de avaliação de desempenho sofria com a sobrecarga dos responsáveis pela avaliação.

4. Melhorar (Improve): A equipe implementou mudanças no processo de matrícula, estabelecendo prazos claros e procedimentos padronizados para agilizar o processo. Além disso, foram adotadas ferramentas de avaliação de desempenho online para facilitar o processo de avaliação.

5. Controlar (Controlar): A equipe estabeleceu sistemas de controle e monitoramento para acompanhar o tempo de resposta da matrícula e a eficácia das mudanças implementadas no processo de avaliação de desempenho.

Com essas melhorias, a universidade "EducaMais" alcançou resultados impressionantes. O tempo médio de resposta da matrícula foi reduzido em 50%, permitindo que os alunos tivessem mais tempo para se preparar para o início do semestre. Além disso, o processo de avaliação de desempenho se tornou mais eficiente, proporcionando uma análise mais detalhada do desempenho dos alunos e identificando oportunidades para o aprimoramento acadêmico.

Essas melhorias contribuíram para uma maior satisfação dos alunos e uma maior retenção, pois os estudantes sentiam-se mais apoiados e envolvidos nos processos acadêmicos da universidade. A implementação da cultura de melhoria contínua na "EducaMais" também levou a um maior engajamento dos colaboradores, que se sentiam valorizados por suas contribuições para as melhorias e, como resultado, tornaram-se mais comprometidos com o sucesso da universidade.

Como visto nos estudos de casos, a melhoria contínua é uma abordagem altamente eficaz para aprimorar processos, otimizar operações e alcançar resultados excepcionais em diversos setores e tipos de negócios. Os estudos de caso apresentados neste capítulo ilustram como empresas e organizações de diferentes indústrias implementaram a melhoria contínua com sucesso e colheram benefícios significativos.

Através do Mapeamento de Fluxo de Valor, DMAIC, ciclo PDCA e outras metodologias, as empresas podem identificar oportunidades de melhoria, eliminar desperdícios e aprimorar a qualidade de produtos e serviços. Além disso, ao promover uma cultura de melhoria contínua, as organizações podem estimular o engajamento dos colaboradores, o trabalho em equipe e a inovação, tornando-se mais competitivas e bem-sucedidas em um mercado em constante evolução.

No próximo capítulo, concluiremos o livro, fornecendo orientações adicionais para a implementação da melhoria contínua e compartilhando insights finais sobre a importância dessa abordagem para o sucesso e o crescimento contínuo das organizações.

CAPÍTULO 6: IMPLEMENTANDO A MELHORIA CONTÍNUA ORIENTAÇÕES E INSIGHTS

Neste capítulo final, exploraremos orientações práticas para a implementação bem-sucedida da melhoria contínua em organizações, bem como insights valiosos para maximizar os benefícios dessa abordagem. A melhoria contínua é uma jornada contínua, e é essencial estabelecer uma cultura de aprendizado, adaptação e aprimoramento constante para alcançar resultados duradouros.

6.1 Estabelecendo uma Cultura de Melhoria Contínua

Para que a melhoria contínua seja efetivamente implementada em uma organização, é fundamental estabelecer uma cultura que promova a busca constante por aprimoramento. Aqui estão algumas orientações para fomentar essa cultura:

1. Compromisso da Liderança: O apoio e comprometimento da alta liderança são cruciais para o sucesso da melhoria contínua. Os líderes devem demonstrar o valor dessa abordagem, envolver-se ativamente nos projetos de melhoria e fornecer os recursos necessários para que as iniciativas sejam bem-sucedidas.

2. Envolvimento dos Colaboradores: A melhoria contínua não pode ser uma iniciativa exclusiva da liderança; ela requer a participação e o engajamento de todos os colaboradores. Incentive a colaboração, a troca de ideias e a participação em projetos de melhoria, criando um ambiente onde os colaboradores se sintam

capacitados e encorajados a contribuir.

3. Comunicação Transparente: Mantenha uma comunicação aberta e transparente em relação às iniciativas de melhoria contínua. Mantenha os colaboradores informados sobre os objetivos, resultados e próximos passos das iniciativas em andamento. Isso ajudará a manter o entusiasmo e o interesse de todos os envolvidos.

4. Reconhecimento e Celebração: Reconheça e celebre as conquistas alcançadas por meio da melhoria contínua. Mostre gratidão e reconhecimento aos colaboradores que contribuíram para o sucesso dos projetos de aprimoramento. Essa valorização reforçará a cultura de melhoria contínua e incentivará a busca por novas oportunidades de aprimoramento.

5. Aprendizado e Desenvolvimento: Promova uma cultura de aprendizado contínuo, onde os colaboradores sejam incentivados a buscar novos conhecimentos e habilidades. Ofereça treinamentos em ferramentas e metodologias de melhoria contínua, para que todos estejam capacitados a contribuir para os projetos.

6.2 Definindo Prioridades e Selecionando Projetos

Uma organização pode ter diversas áreas e processos que podem se beneficiar da melhoria contínua. No entanto, é importante definir prioridades e selecionar os projetos mais relevantes para a estratégia da empresa. Aqui estão algumas etapas para guiar o processo de seleção de projetos:

1. Alinhamento com a Estratégia: Analise a estratégia geral da organização e identifique quais áreas ou processos estão alinhados com os objetivos estratégicos. Priorize os projetos que tenham

maior impacto no alcance das metas e prioridades estratégicas.

2. Identificação de Oportunidades: Realize uma análise detalhada dos processos existentes para identificar oportunidades de melhoria. Essas oportunidades podem ser encontradas através de feedbacks dos clientes, indicadores de desempenho, reclamações ou gargalos identificados.

3. Viabilidade e Recursos: Avalie a viabilidade de cada projeto em termos de recursos humanos, financeiros e tecnológicos necessários. Certifique-se de que a organização tenha a capacidade de implementar as melhorias propostas de forma eficaz.

4. Benefícios Esperados: Estime os benefícios esperados de cada projeto, tanto em termos de resultados quantitativos, como redução de custos ou aumento de receitas, quanto em benefícios qualitativos, como melhoria da satisfação do cliente ou do ambiente de trabalho.

5. Priorização e Seleção: Classifique os projetos com base na importância estratégica, no impacto esperado e na viabilidade. Selecione os projetos mais relevantes para iniciar e desenvolver um cronograma para a implementação.

6.3 Ferramentas e Metodologias da Melhoria Contínua

Existem várias ferramentas e metodologias que podem ser utilizadas para implementar a melhoria contínua. Algumas das mais populares incluem:

1. Mapeamento de Fluxo de Valor (VSM): Essa ferramenta visualiza todo o fluxo de valor de um processo, identificando oportunidades de aprimoramento e eliminando desperdícios.

2. DMAIC: Essa abordagem do Seis Sigma é uma metodologia estruturada em cinco etapas - Definir, Medir, Analisar, Melhorar

e Controlar - para abordar problemas complexos e alcançar melhorias sustentáveis.

3. Ciclo PDCA: O ciclo PDCA - Plan, Do, Check, Act - é uma metodologia de gestão que visa melhorar continuamente os processos através de etapas cíclicas de planejamento, execução, verificação e ação corretiva.

4. Kaizen: O conceito japonês de Kaizen se refere à busca contínua por melhorias incrementais em todos os aspectos da organização, envolvendo todos os colaboradores em iniciativas de melhoria.

5. 5 Porquês: Uma técnica simples, mas poderosa, para identificar a causa raiz de um problema, fazendo perguntas sucessivas de "por quê" até chegar à origem do problema.

A escolha das ferramentas e metodologias a serem utilizadas dependerá da natureza do projeto e das necessidades específicas da organização. O importante é selecionar as ferramentas mais adequadas para abordar os desafios específicos e alcançar os resultados desejados.

6.4 Monitoramento e Medição de Resultados

Um aspecto crítico da melhoria contínua é o monitoramento e medição contínuos dos resultados. É importante acompanhar o progresso dos projetos de melhoria e avaliar o impacto das mudanças implementadas. Aqui estão algumas diretrizes para o monitoramento eficaz:

1. Estabeleça Indicadores de Desempenho: Defina indicadores-chave de desempenho (KPIs) que sejam relevantes para os projetos de melhoria em andamento. Esses indicadores permitirão medir o progresso e avaliar se os resultados estão alinhados com os

objetivos estabelecidos.

2. Coleta de Dados: Garanta a coleta sistemática e precisa de dados relevantes para cada projeto de melhoria. Utilize ferramentas e sistemas de informação para facilitar a coleta e a análise de dados.

3. Análise de Resultados: Realize análises regulares dos resultados obtidos com as iniciativas de melhoria. Identifique sucessos, lições aprendidas e áreas que ainda precisam de atenção.

4. Feedback dos Clientes e Colaboradores: Ouça atentamente o feedback dos clientes e colaboradores em relação às melhorias implementadas. Esse feedback fornecerá informações valiosas sobre a eficácia das mudanças e as oportunidades de aprimoramento contínuo.

5. Ações Corretivas: Com base na análise dos resultados, implemente ações corretivas quando necessário. Se os resultados não estiverem alinhados com as metas estabelecidas, identifique as causas raiz e ajuste as estratégias de melhoria conforme necessário.

6.5 Fomentando a Inovação e a Criatividade

A melhoria contínua e a inovação estão intrinsecamente conectadas. Para impulsionar a melhoria contínua, é necessário fomentar a cultura da inovação e da criatividade na organização. Aqui estão algumas estratégias para encorajar a inovação:

1. Espaços para Ideias: Crie espaços e momentos para que os colaboradores possam compartilhar ideias e sugestões para aprimorar processos, produtos e serviços.

2. Diversidade e Inclusão: Valorize a diversidade e a inclusão, pois perspectivas diversas trazem novas ideias e soluções

inovadoras.

3. Experimentação Controlada: Incentive a experimentação de novas abordagens, porém de forma controlada e com avaliação dos resultados.

4. Reconhecimento da Inovação: Reconheça e premie ideias e iniciativas inovadoras, para motivar os colaboradores a contribuírem com sugestões criativas.

5. Parcerias Externas: Estabeleça parcerias com outras organizações, universidades ou centros de pesquisa para buscar inspiração e conhecimento externo.

6.6 Lidando com Desafios e Resistência

Implementar a melhoria contínua pode enfrentar desafios e resistência em algumas etapas. É importante estar preparado para lidar com esses obstáculos e superá-los. Algumas orientações para enfrentar desafios incluem:

1. Educação e Treinamento: Fornecer treinamentos sobre a abordagem de melhoria contínua e suas metodologias para toda a equipe, para que todos entendam os benefícios e os processos envolvidos.

2. Comunicação Eficaz: Comunique claramente os objetivos e benefícios da melhoria contínua para toda a equipe e envolva os colaboradores no processo de tomada de decisão.

3. Gestão da Mudança: Identificar e abordar resistências e preocupações por meio de uma gestão eficaz da mudança, mostrando os benefícios para a equipe e a organização.

4. Celebração de Conquistas: Reconheça e celebre os sucessos alcançados ao longo do processo de melhoria contínua, para manter o entusiasmo e a motivação da equipe.

5. Aprendizado com Fracassos: Aceite que nem todos os projetos de melhoria serão bem-sucedidos. Aprenda com os fracassos e utilize-os como oportunidades para aprimoramento.

6.7 Sustentabilidade da Melhoria Contínua

Para que a melhoria contínua seja sustentável, é fundamental que ela se torne uma parte integrante da cultura organizacional. Aqui estão algumas estratégias para garantir a continuidade da melhoria contínua:

1. Liderança Contínua: A liderança deve continuar a apoiar e promover a cultura de melhoria contínua, reforçando sua importância em toda a organização.

2. Capacitação e Desenvolvimento: Investir em treinamentos e capacitação contínua para que os colaboradores possam se manter atualizados com as ferramentas e metodologias da melhoria contínua.

3. Feedback e Avaliação: Estabelecer um sistema de feedback contínuo para avaliar os resultados e identificar novas oportunidades de melhoria.

4. Reconhecimento e Recompensa: Continuar a reconhecer e recompensar as contribuições dos colaboradores para as iniciativas de melhoria, estimulando um ambiente de aprendizado e inovação.

5. Compartilhamento de Conhecimento: Incentivar o compartilhamento de conhecimento e melhores práticas entre as equipes, para que todos possam se beneficiar das lições aprendidas.

6. Cultura de Resiliência: Fomentar uma cultura de resiliência, onde os colaboradores sejam encorajados a aprender com os

desafios e a se adaptar às mudanças de forma ágil.

Conclusão

A melhoria contínua é uma abordagem poderosa para aprimorar processos, otimizar operações e alcançar resultados excepcionais em organizações de todos os setores e tamanhos. Neste livro, exploramos os conceitos fundamentais da melhoria contínua, desde suas origens até suas aplicações em diversos contextos.

Ao implementar a melhoria contínua, as organizações podem impulsionar a eficiência, reduzir custos, melhorar a qualidade de produtos e serviços, aumentar a satisfação dos clientes e impulsionar a inovação contínua. No entanto, é importante lembrar que a melhoria contínua é uma jornada contínua, que requer comprometimento, paciência e perseverança.

Ao estabelecer uma cultura de melhoria contínua, selecionar projetos relevantes, utilizar as ferramentas e metodologias adequadas, monitorar resultados e fomentar a inovação, as organizações estarão no caminho certo para o sucesso a longo prazo.

A melhoria contínua é mais do que apenas uma metodologia; é uma mentalidade que promove a busca constante por aprimoramento, aprendizado e adaptação. Ao adotar essa abordagem, as organizações estarão preparadas para enfrentar os desafios e oportunidades do futuro, tornando-se mais competitivas, resilientes e bem-sucedidas em um cenário empresarial em constante evolução.

CAPÍTULO 7: BÔNUS

Link de acesso ao templates e Pesquisa de Satisfação

Arquivos de templates para referência, utilize o link ou o QR Code para acessar uma pasta no Google Drive, recomendo que faça o download para o seu computador antes do usar, modifique da maneira que achar melhor. Bom uso.

Acesso o link ou use seu celular para o QR Code

Templates - Google Drive	Pesquisa de Satisfação